Pit Elsasser

Eltern. Kinder. Pubertät.

Was du
über die Pubertät deiner Kindheit
wissen solltest!

Dieses Buch widme ich meiner Frau Linda,
die sicherlich die meisten Wetterkapriolen unserer
Kinder erleben „durfte".

Herzlichen Dank für alle Geduld und Liebe.

Pit

Pit Elsasser

Eltern. Kinder. Pubertät.

Wetteraufzeichnungen
einer Lebens(s)panne

Für dich, mein Kind

_____

_____

_____

_____

Autor, Herausgeber und Gestaltung:
Pit Elsasser
© 2015

Herstellung und Verlag:
BoD—Books on Demand, Norderstedt

ISBN 978-3-7347-9596-1 · € 9,99

Das vorliegende Buch einschließlich aller seiner Teile ist urheberrechtlich geschützt.
Jede Verwertung ist ohne schriftliche Zustimmung des Autors unzulässig.

Die Deutsche Nationalbibliothek verzeichnet diese Publikation in der Deutschen Nationalbibliografie;
detaillierte Daten sind im Internet unter www.dnb.de abrufbar.

Besuchen Sie mich auch auf You Tube unter Pit Elsasser oder unter
www.portrait-skulptur-kunst.de
www.kreativkurse-wiesloch.de

# Inhaltsverzeichnis

Dieses Inhaltsverzeichnis schreibt das Leben

Seite

*Am Ende des Buches finden Sie eine große Auswahl an positiven und negativen Begriffen über Ihre momentane Gefühlswelt und die Ihres Kindes. Diese Auflistung wird sicher eine große Hilfe sein, da man in dieser Zeit sehr oft sprachlos ist und einem die richtigen Worte fehlen.*
*Im Buch locker verteilt, finden Sie zur Anregung einige typisch pubertäre Wetter-Phänomene.*

## Tag EINS der pubertären Wetteraufzeichnungen

**Sonne, Wolken**
Anfangs scheint noch einmal verbreitet die Sonne, bevor sich die Wolken verdichten.

**Meist heiter bis wolkig**
Es scheint überwiegend die Sonne, doch örtlich wird es zum Teil stark bewölkt.

**Sonne und Wolken**
Von Nordwesten greift ein Tiefausläufer auf uns über, der teils kräftige Unwetter hervorruft.

### Wechselhaft
Das bisher wetterwirksame Tief verlagert sich nach Norden. Hochdruck setzt sich von Westen her durch.

**Unbeständig**
Die Ausläufer eines Tiefs über dem Ostatlantik greifen von Südwesten her über. Es wird unbeständig.

**Wechselhaft, Schauer**
Tiefdruckausläufer überqueren unsere Region. Sie führen feuchte und kühle Luft mit sich.

**Unbeständig**
Zwischen einem Hoch über uns und einem tiefen Luftdruck zwischen uns fließt nur noch mäßig warme Luft ein.

**Freundliches Klima**
In unserem Vorhersagegebiet setzt sich vorübergehend Hochdruckeinfluss durch.

**Zunehmend bedeckt**
Die Südostflanke eines Tiefs über der Nordsee sorgt für windiges Schauerwetter in unserer Beziehung.

**Freundlich**
In unserem Vorhersagegebiet setzt sich vorübergehend Hochdruckeinfluss durch.

**Wechselhaftes Klima**
Lokale Wolkenfelder ziehen durch die Region und trüben unseren Alltag ein.

**Schön warm**
Bei oft wolkenlosem Himmel scheint den ganzen Tag die Sonne.

**Bewölkt, teils Regen**
In der Nacht ziehen dichtere Wolkenfelder herein, die wetterbestimmend werden.

**Meist stark bewölkt**
Der bisher unerwartete Hochdruckeinfluss schwächt sich merklich ab und überlässt dem Tiefausläufer die Oberhand.

**Recht freundlich**
Ein Zwischenhoch bestimmt unser Wetter, bevor sich von Südwesten her Tiefausläufer bemerkbar machen.

**Windig bis stürmisch**
Der mäßige Nordwestwind nimmt im Tagesverlauf zu und kann in Böen stark aufleben.

**Wechselhaft mit Regen**
Der Hochdruckeinfluss schwächt sich leider merklich ab. Dabei strömt aus Südwesten feucht schwühle Luft in die Atmosphäre.

**Regnerisch**
Zeitweiliger Regen breitet sich am Nachmittag von Westen her aus.

**Überwiegend freundlich**
Ein Tief über dem Golf von Genua lenkt feuchte Luft heran. Im Norden wird ein Azorenhoch wetterwirksam.

**Viel Sonnenschein**
Zwischen einem kräftigen Hoch und tiefem Luftdruck strömt trockene und tagsüber warme Luft zu uns.

**Heiß und trocken**
Das Quecksilber steigt auf unerwartete hochsommerliche Temperaturen.

**Schauer, teils Sturm**
Eine zum Sturmtief „Kind" gehörige Kaltfront überquert unsere Region. Dahinter folgt maritime Polarluft.

**Wechselhaft**
Wechselhaftes Schauerwetter, teils mit Graupel und Schnee, dazwischen vielleicht auch mal etwas Sonne.

**Kühl und trocken**
Auf der Rückseite einer Tiefdruckrinne gelangt von Nordwesten deutlich kältere Meeresluft in unser Haus.

**Schauer**
Der Tag bringt anfangs viele Wolken und örtlich etwas Regen.

**Anfangs oft freundlich**
Die eingeflossene Meeresluft gelangt von Südwesten her vorübergehend unter Zwischenhocheinfluss.

**Viel Sonne, kaum Wolken**
Ein Hoch liegt über Mitteleuropa. Dabei wird warme Luft aus dem westlichen Mittelmeerraum herangeführt.

**Freundlich und milder**
Der Tag bringt nach Auflösung der Nebel- und Hochnebelfelder einen Mix aus Sonne und Wolken.

**Sonne, Wolken, Schauer**
Eine Kaltfront überquert langsam unsere Region, und dabei fließt kühlere Meeresluft ein.

**Wechselhaft, Schauer**
Die Nordostflanke eines Tiefs über der Region sorgt für windiges Schauerwetter.

### Landregen
Es bleibt den ganzen Tag bedeckt, und es regnet verbreitet, meist ohne längere Pausen.

**Unbeständig**
Der Wind weht schwach bis mäßig aus nicht genau definierbaren Richtungen.

**Meist Regen, stürmisch**
Die Ausläufer eines Tiefdruckgebietes über dem Atlantik sorgen für wechselhaftes und stürmisches Wetter.

**Heiter bis wolkig**
Neben lockeren Quell- und Schleierwolken scheint zeitweise die Sonne. Nachts gering bewölkt.

**Unfreundlich**
Der Ausläufer eines Tiefs wird zunehmend wetterbestimmend.

**Heiß, schwül, gewittrig**
Unsere Region liegt unter einem Hochdruckgebiet, in dem subtropische Luft herangeführt wird.

### Schön aber kühl
Der Einfluss eines Hochs setzt sich durch, wobei mit einer Nordströmung noch relativ kühle Luft zu uns fließt.

### Überwiegend freundlich
Die in unsere Region eingeflossene recht kühle und feuchte Luft gerät allmählich unter Hochdruckeinfluss.

**Kalt und ungemütlich**
Mit Annäherung einer Kaltfront von Norden werden feuchte und kältere Luftmassen herangeführt.

### Heiter bis freundlich
Die zu uns eingeflossene recht milde Luft kommt zunehmend unter Hochdruckeinfluss.

**Veränderlich**

Die bislang noch recht kühle Luft erwärmt sich in den nächsten Tagen unter Hochdruckeinfluss zunehmend.

**Kein Niederschlag**
Heute bleibt es meist noch niederschlagsfrei.

Letzter Tag der Wetteraufzeichnungen im Band Nr. ◯

Fortsetzung im Band Nr. ◯

**Wetterberuhigung**
Unter Hochdruckeinfluss herrscht ruhiges frühlingshaftes Wetter.

*Über 250 hilfreiche Begriffe zur Beschreibung Ihrer jeweiligen Gefühlslage und der Ihres Kindes*

*Diese Worte helfen Ihnen, die oft aufkommende Sprachlosigkeit zu überwinden*

## Positive Gefühle

angeregt
aufgedreht
aufgeregt
ausgeglichen
ausgelassen
beeindruckt
beflügelt
befreit
befriedigt
begeistert
begierig
behaglich
belebt
belustigt
berauscht
beruhigt
berührt
beschwingt
bewegt
bezaubert
dankbar
eifrig
energiegeladen
energisch
engagiert
enthusiastisch

entlastet
entschlossen
entspannt
entzückt
erfreut
erfrischt
erfüllt
ergriffen
erheitert
erleichtert
ermuntert
ermutigt
erregt
erstaunt
erwartungsvoll
fasziniert
feinsinnig
frei
freudig
friedlich
froh
fröhlich
gebannt
geborgen
geduldig
gefasst
gefesselt
gelassen
gemütlich
gerührt
geschützt
gespannt
glücklich
glückselig
gütig
heiter

hellwach
herzlich
himmelhoch jauchzend
hingerissen
hocherfreut
hoffnungsvoll
inspiriert
interessiert
klar
kraftvoll
lebendig
lebhaft
leicht
liebevoll
locker
lustig
lustvoll
motiviert
munter
mutig
neugierig
offen
optimistisch
respektvoll
ruhig
satt
schwungvoll
selbstsicher
selig
sensibel
sicher
sorgenfrei
sorglos
still
stolz
stressfrei

tapfer
tatkräftig
überglücklich
übermütig
überrascht
überschäumend
überschwänglich
überwältigt
unbekümmert
unbeschwert
unerschütterlich
verblüfft
vergnügt
verliebt
verspielt
vertrauensvoll
verwundert
verzaubert
verzückt
voller Vorfreude
wach
warmherzig
wissbegierig
wohl
zärtlich
zufrieden
zugeneigt
zugewandt
zutraulich
zuversichtlich

**Negative Gefühle**

abgespannt
aggressiv
alarmiert
angeekelt
angespannt
ängstlich
ärgerlich
argwöhnisch
arrogant
aufgebracht
ausgelaugt
beängstigt
bedrängt
bedrückt
befangen
beklommen
bekümmert
belastet
beleidigt
beschämt
besorgt
bestürzt
betroffen
betrübt
beunruhigt
bitter
blockiert
brummig
depressiv
deprimiert
distanziert
dumpf
durcheinander
eifersüchtig

einsam
ekelerfüllt
empfindlich
empört
entmutigt
entrüstet
entsetzt
enttäuscht
ermüdet
ernüchtert
erregt
erschlagen
erschöpft
erschrocken
feindselig
frustriert
furchtsam
gehässig
gehemmt
gelangweilt
gequält
gereizt
gestört
gestresst
gleichgültig
hasserfüllt
hilflos
irritiert
jämmerlich
kalt
kribbelig
leer
lüstern
lustlos
missmutig
misstrauisch

müde
mürrisch
mutlos
neidisch
nervös
niedergeschlagen
ohnmächtig
panisch
peinlich
perplex
pessimistisch
ratlos
ruhelos
sauer
scheu
schläfrig
schlapp
schockiert
schwermütig
schwunglos
skeptisch
sorgenvoll
strapaziert
streitlustig
teilnahmslos
träge
traurig
überdrüssig
überfordert
überlastet
unbehaglich
unbeteiligt
ungeduldig
ungehalten
ungemütlich
unglücklich

unklar
unnahbar
unruhig
unschlüssig
unsicher
unter Druck
unwohl
unzufrieden
verängstigt
verärgert
verbittert
verlegen
verletzbar
verletzt
verloren
verrückt
verschlafen
verschlossen
verschreckt
verspannt
verstimmt
verstört
verunsichert
verwirrt
verzagt
verzweifelt
vorwurfsvoll
weinerlich
widerwillig
wütend
zappelig
zerknirscht
zermürbt
zerrissen
zittrig
zögerlich

zu Tode betrübt
zornig
zynisch


**Gemischte/nicht eindeutige Gefühle**

albern
ambivalent
aufgewühlt
entschieden
fürsorglich
gelöst
gespannt
melancholisch
nachdenklich
überzeugt
zweifelnd

## „Heidelberg – Ich dreh' mich noch einmal nach dir um"
### Eine Heidelberger Nachkriegskindheit

1942 in den Kriegswirren im Schatten des Heidelberger Schlosses geboren. Zunächst aufgewachsen im Herzen der Stadt. Die Hauptstraße, deren Seitenstraßen, der Neckar, der Stadtwald sowie die umliegenden Plätze, Höfe und Gebäude waren in den ersten Jahren seine Reviere.

Dann die Entscheidung der Eltern: Der Umzug von der belebten Hauptstraße in eine außergewöhnliche Umgebung über den Dächern Heidelbergs, mit dem Schloss, als dem schönsten Abenteuerspielplatz der Welt. Eine Gegend, die geprägt ist von historischen Plätzen, von großen Villen, klangvollen Namen und einer zu fantastischen Abenteuern verführenden Natur.

Die Zeiten bei den Großeltern in Handschuhsheim, die belebte Mühltalstraße, die Gärten und der Weinberg des Großvaters gehören ebenfalls zu den kindheitsprägenden Erlebnissen.

Über 250 Schwarz-Weiß-Bilder illustrieren auf 240 Seiten die historische Zeit ebenso wie das Heute, sodass auch der jüngere Leser einen direkten Zugang zu den beschriebenen Orten und Begebenheiten findet.

**„Heidelberg – Ich dreh' mich noch einmal nach dir um"**
Ein Buch, prallvoll mit Erinnerungen und Bildern aus einer bewegend aufregenden Zeit in einer liebenswerten Stadt.

Erschienen bei BoD-Books on Demand. Im Buchhandel und online erhältlich. Preis: € 19,70 · ISBN 978-3-7322-9169-4

## FREU(N)DE

Das ultimative Freundschaftsbuch für alte und neue Freundinnen und Freunde. Für zwölf Mitreisende, je sechs Seiten und eine Weisheit über Freundschaft. Ein Buch für Jugendliche und Erwachsene.

Freundschaften sind ...
- das Salz in der Suppe,
- das Sahnehäubchen auf dem Kaffee
- der Senf zum Würstchen
- die Musik zum Tanzen,
- der Rotwein zum Gespräch
- der Böller zu Silvester.

Dieses Buch ...
- schweigt, wenn es nichts zu reden gibt
- erzählt, wenn man es braucht
- erinnert, wenn die Zeit reif ist
- hört zu, wenn man mit ihm spricht
- kennt Zuneigung, Vertrauen und Verschwiegenheit ...

... eben alles, was man sich von einem echten Freund, einer wirklichen Freundin von Herzen wünscht.

Das ideale Geschenk, um Neues anzustoßen und Vergangenes zu bewahren.
Ein wertvoller Schatz im Alter, wenn die Zeit der Erinnerungen Raum greift.

Das Buch ist bewusst klar, in Schwarz-Weiß und ohne jede Schnörkel gestaltet. Es kann als Ganzes oder auch in Teilen archiviert werden.

Der Sammelband eignet sich auch sehr gut für Klassentreffen, Arbeitskollegen, für Jubiläen und als erinnerungswürdiges Abschiedsgeschenk.

Erschienen bei BoD-Books on Demand. Im Buchhandel und online erhältlich. Preis: € 9,99 · ISBN 978-3-7386-0895-3

Ein Geschenk für alle, die sich *NICHTS!* wünschen.
## „DU WOLLTEST NICHTS! HIER HAST DU'S"

DU, MENSCH, hast dich gegen ALLES! und für *NICHTS!* entschieden. Dein Wunsch war für mich Auftrag und Verpflichtung. Mir ist dadurch so richtig bewusst geworden, warum ich dich so schätze – du hast dir *NICHTS!* gewünscht. Das zeichnet dich aus. Es beweist mir dein tiefes Vertrauen in meinen Spürsinn, das seltene *NICHTS!* ausfindig zu machen.

Nach intensiver Suche fand ich endlich *NICHTS!* Du hältst es jetzt in Händen
(d.h., du denkst, du hältst etwas in Händen, aber du hast ja *NICHTS!* in der Hand).

Nach einem Höhenflug über den Wolken des Covers gleitest du durch die Widmung sanft hinüber in die Schwerelosigkeit des *NICHTS!* Dieses *NICHTS!* ist das ultimativste *NICHTS!*, das es je gab. Hier ist garantiert drin, was drauf steht. *NICHTS!*

Solltest du eines Tages reif sein für die Insel, dann nimm nur *NICHTS!* mit. Es hält alles bereit, was du für diese Auszeit benötigst. *NICHTS!* gibt dir Material für alle neuen und unverhofften Lebenssituationen, wie:
Flaschenpost, Abschiedsbrief, Kündigung, Liebesbrief, Testament, Drehbuch, Sonnenschutz, Schnupftuch, Verträge, Newsletter, Flugzeugbau, Zigarettenpapier, Biografie, Kunstblätter usw. Sogar beim menschlichsten aller Bedürfnisse hilft dir *NICHTS!*

Solltest du vorhaben, längere Zeit auf der Insel zu verbringen, dann nimm dir zwei oder drei *NICHTS!* mit. So bist du für alle Eventualitäten mit *NICHTS!* gewappnet. Dir wird es also an *NICHTS!* mehr mangeln. Ich würde gerne mit dir *NICHTS!* teilen und die Welt gemeinsam mit *NICHTS!* erobern. Ich freue mich auf *NICHTS!* mit dir.

Dieses *NICHTS!* wird in der Deutschen Nationalbibliothek für die nachfolgenden Generationen sicher aufbewahrt. Ich hoffe, es findet auch im Bücherschrank deines Lebens einen würdigen Platz, denn *NICHTS!* beansprucht *NICHTS!*, außer deiner Zuneigung und Liebe zum *NICHTS!* So wurde aus deinem *NICHTS!* ein Etwas. *NICHTS!* für ungut.

ACHTUNG!
Das Ihnen vorliegende *NICHTS!* ist ein ziemlich ernst zu nehmender Spaßartikel, in dem hoch konzentriertes *NICHTS!* enthalten ist. Diesen Text kann man dem/der Beschenkten als Laudatio vorlesen. Die ungeteilte Aufmerksamkeit ist garantiert.

Erschienen bei BoD-Books on Demand. Im Buchhandel und online erhältlich. Preis: € 7,99 · ISBN 978-3-7347-5754-9

Als Autor und Vater von sechs Kindern wünsche ich Ihnen
Geduld und Gelassenheit,
verbunden mit der Erkenntnis, dass auch diese Zeit vorbeigeht,
wie so oft: unverhofft und anders als erwartet.